Rainald Bierstedt

OLYMPISCHE IDEE UND IDEALE IM GOLF
Grundlegende Orientierung auch für dich!

Teil 2 der 5-teiligen Reihe
Beiträge zur Verbreitung der Olympischen Idee im Juniorgolfsport

Die 5-teilige Reihe im Überblick:

Teil 1:
OLYMPISCHE SPIELE UND GOLF
Schau kurz zurück, um Künftiges besser zu überblicken!

Teil 2:
OLYMPISCHE IDEE UND IDEALE IM GOLF
Grundlegende Orientierung auch für dich!

Teil 3:
FAIR GEHT VOR! UND SPIRIT OF THE GAME.
Zeige, dass du Sportsgeist hast!

Teil 4:
CITIUS – ALTIUS – FORTIUS:
TRAINIEREN UND WETTKÄMPFEN IM GOLF
Gib dein Bestes, Leistung macht Spaß!

Teil 5:
GOLF-OLYMPISCHES WORKBOOK
Festige bzw. teste dein Olympisches Wissen!

Rainald Bierstedt

OLYMPISCHE IDEE UND IDEALE IM GOLF

Grundlegende Orientierung auch für dich!

Teil 2
der 5-teiligen Reihe
Beiträge zur Verbreitung der Olympischen Idee im Juniorgolfsport

Bibliografische Information der Deutschen Nationalbibliothek:
Die Deutsche Nationalbibliothek verzeichnet diese Publikation in der Deutschen Nationalbibliografie; detaillierte bibliografische Daten sind im Internet über http://dnb.d-nb.de abrufbar.

2. Version Januar 2017

© Rainald Bierstedt 2017

Herstellung und Verlag:
BoD - Books on Demand, Norderstedt
ISBN 978-3-7431-8208-0

Die Beiträge des Autors zur Verbreitung des Olympischen Gedankens im Golfsport stützen sich im Wesentlichen auf Erfahrungen und Erkenntnisse aus seinen zurückliegenden Tätigkeiten seit 1995 als ...

- Lehrer für das Wahlpflichtfach 1 und 2 Golfsport an der Grund- und Gesamtschule Spreenhagen (bei Berlin) sowie an der 1. Oberschule Fürstenwalde (jetzt Spree-Oberschule),

- Leiter einer Schulsport-AG Golfsport im Rahmen der Jugendinitiative „Abschlag Schule" des DGV u. der VcG,

- Projektleiter des DGV-Schülerprojekts Golf-WM 2000,

- Mitorganisator bei der deutschlandweiten Einführung bzw. Etablierung von Golf in JUGEND TRAINIERT FÜR OLYMPIA,

- Beauftragter für Schulgolf des Landes Brandenburg im Auftrag des Ministeriums für Bildung, Jugend und Sport,

- Verantwortlicher für die Durchführung der Brandenburger Landesfinals Golf JUGEND TRAINIERT FÜR OLYMPIA,

- Durchführender diverser Projekte GOLF& OLYMPIA,

- Jugendwart eines Golf Clubs,

- Schulsportbeauftragter eines Golf Clubs,

- Teilnehmer an einem Trainer-C-Lehrgang Breitensport / Schulgolfsport,

- ❖ Lehrbeauftragter an der Universität Potsdam, Institut für Sportwissenschaften, für das Themenfeld „Pädagogische Aspekte des Golfsports",

- ❖ Organisator und Durchführender von 17 Lehrer-Fortbildungsveranstaltungen „Schulgolfsport" im Land Brandenburg,

- ❖ Gestalter und Betreuer der Info-Points „Golf & Schule" sowie „Golf–Olympia–Jugend" im Resort A-Rosa Scharmützelsee, in Kooperation mit der Deutschen Olympischen Gesellschaft,

- ❖ Referent zu Fragen des Schulgolfsports, u.a. an der Deutschen Sporthochschule Köln

sowie

- ❖ als Autor von 25 Publikationen über Golfsport.

INHALT

Einleitung 9

I. Coubertin und die Olympische Idee 12

II. Olympismus heute ....…… 23

III. Die Olympischen Ideale -
 Handlungsorientierung auch für Golfer 30

IV. Der Olympische Eid 44

Anhang: Literaturhinweise 50

**Mit
freundlicher Empfehlung**

Einleitung

Hallo Golffreunde,

wenn man irgendwo `drin ist, muss man sich den jeweiligen Anforderungen bzw. Erwartungen auch stellen.

Wer A sagt, muss auch B sagen.

So auch beim Golf, meine ich.

Da Golf jetzt wieder `drin ist, im Olympischen Programm, sind die entsprechenden Erwartungen nicht nur groß, sondern auch ganz konkret.

Die vielleicht wichtigste Erwartung, die die Olympische Gemeinschaft an uns hat, besteht meines Erachtens darin, im Sinne der Olympischen Idee zu handeln.

Denn, wie es in anderen Olympischen Sportarten auch nicht nur um die schnellste Zeit, die größten Weiten oder um die meisten Tore geht, so geht es beim Golfen auch nicht nur um das Bälleschlagen oder den besten Score.

Die Olympische Idee umfasst mehr, viel mehr.

Das 1. Kapitel nimmt daher die wichtigsten Gedanken auf, die der Begründer der Olympischen Spiele der Neuzeit dazu hatte.

Danach wird aufgezeigt, wie das Internationale Olympische Komitee (IOC) diese Grundgedanken aufgreift und der heutigen Zeit anpasst.

Kern der Abhandlung in diesem Büchlein ist Kapitel 3 mit Überlegungen und Vorschlägen zum konkreten Verhalten als Golfer im Sinne der Olympischen Idee.

Abschließend einige Passagen über den Olympischen Eid, in der Hoffnung, dass ein Sportler des Gastgeberlandes der Olympischen Spiele auch in deinem Namen diesen Eid sprechen wird.

Deshalb, schon jetzt mal mit dem Text vertraut machen!

In diesem Sinne, allzeit schönes Spiel!

Der Autor

„Der Olympismus
ist eine Lebensphilosophie,
die in ausgewogener Ganzheit
die Eigenschaften von
Körper, Wille und Geist
miteinander vereint und überhöht. ...

Ziel des Olympismus ist es,
den Sport in den Dienst
der harmonischen Entwicklung des Menschen zu stellen,
um eine friedliche Gesellschaft zu fördern,
die der Wahrung der
Menschenwürde verpflichtet ist."

Aus der Charta des IOC
in der Fassung vom 2. August 2016

I. Coubertin und die Olympische Idee

Baron Pierre de Coubertin (1863 – 1937) gilt als Begründer der neuzeitlichen Olympischen Spiele.

Der junge Coubertin erhielt an der Pariser Ecole des Sciences Politiques eine vielseitige politische, historische, soziologische und pädagogische Ausbildung, die er als „freier Geist" sehr erfolgreich abschloss.

Und er war begeisterter Sportler in Reiten, Fechten, Boxen, Rudern, Tennis.

Schon früh erkannte er, dass die körperliche Verfassung der französischen Jugend nicht gut war. Er war besorgt und engagierte sich für eine Verbesserung der körperlichen Betätigung der jungen Franzosen.
So kümmerte er sich um den Aufbau von Schülersportvereinen.

Dann gründete Coubertin die Nationale Schulsportföderation (USFSA).

Er unternahm Bildungsreisen nach England und Nordamerika.

Mit großem Interesse verfolgte er die deutschen Ausgrabungen im antiken Olympia sowie „olympische Sportfeste in einigen Ländern.

Als politisch interessierter Mensch nahm Coubertin auch diese Zeichen der damaligen Zeit wahr:
Erstarkung des Nationalismus in Europa, Aufrüstung in vielen europäischen Ländern und damit Erhöhung der Kriegsgefahr, Großmachtstreben und Kolonialismus, Zunahme sozialer Spannungen.

All das führte bei Coubertin zu der Erkenntnis, dass der Sport ein gutes Mittel sein könnte, um

- ❖ zur Erneuerung der französischen Jugend sowie
- ❖ zur Völkerverständigung und zum Frieden.

beizutragen.

Er machte sich vielfältige Gedanken und trug sie leidenschaftlich der Öffentlichkeit vor.

Erstmals im November 1892 in Paris. An der Sorbonne (berühmte Universität) hielt er einen Vortrag über Geschichte und Bedeutung „körperlicher Übungen".

Aus dieser Rede ist folgender Aufruf impulsgebend geworden:

„Lassen Sie uns Ruderer, Läufer, Fechter ins Ausland senden; das ist das wahre Freihandelssystem der Zukunft, und an dem Tag, an dem es in die Sitten des alten Europa eingedrungen sein wird, wird der Sache des Friedens eine neue und mächtige Stütze erwachsen sein."

(Coubertin wird hier und im Folgenden zitiert nach: COUBERTIN, P. de: Der Olympische Gedanke. Reden und Aufsätze. Hrsg. vom Carl Diem-Institut. Schorndorf 1967).

Bezugnehmend auf internationale Spannungen in Europa sagte Coubertin:

„Von den Völkern zu verlangen sich gegenseitig zu lieben ist eine Art Kinderei, sie aufzufordern sich zu achten ist keine Utopie aber um sich zu achten muss man sich zunächst kennen lernen."

Coubertin vertrat die Auffassung, dass der Sport dafür nützlich sein könnte. So entwickelte er die Idee von einem regelmäßigen sportlichen Welttreffen der „Jugend der Welt", das in den Dienst der Völker und des Friedens gestellt werden sollte.

Ihm ging es von Anbeginn nicht nur um den sportlichen Leistungsvergleich, sondern auch um die Begegnung und das gegenseitige Kennenlernen der Kulturen.

Die Erhaltung des Friedens und die Völkerverständigung waren für Coubertin vorrangige Anliegen.

Sport als ein wichtiger Faktor des Internationalismus.

Seine Vision trug er immer wieder vor, so auch Ende 1894 bei einem Vortrag in Athen:

"Gesunde Demokratie und richtig verstandener, friedlicher Internationalismus werden in das erneuerte Stadion eindringen und hier den Kult der Ehre und der Uneigennützigkeit aufrecht erhalten, der es dem Athletismus ermöglichen wird, neben der Entwicklung des Leibes das Werk moralischer Vervollkommnung und sozialer Befriedung weiterzuführen."

Schließlich: Coubertin hatte nicht nur den reinen Sport im Blick, sondern die Entwicklung des ganzen Menschen:

"Für die heutige Zivilisationsgesellschaft ist es äußerst wichtig, wieder Kraft in die Muskeln, Ordnung und Klarheit in den Geist zu bringen. Aber sie muss ebenso Toleranz wieder in das Bewusstsein trichtern."

Oder:

"Die Olympische Idee ist für uns ... der Begriff einer kräftigen Muskelkultur – gestützt einesteils auf den ritterlichen Geist ... und zum anderen auf das ästhetische Wohlempfinden."

Diese wenigen Beispiele sollen genügen, um auf seine humanistische Auffassung zu verweisen.

Die klassischen Ideale der alten Griechen um Olympia schienen ihm der Anknüpfungspunkt zur Umsetzung seiner Ideen zu sein.

Ihm schwebte jedoch kein bloßes Abbild der Antike vor, sondern eine moderne Version, die
- ❖ internationalistisch und
- ❖ demokratisch

geprägt sein sollte.

Am 23. Juni 1894 war es dann soweit:
Coubertin regte auf einem internationalen Kongress in Paris die Wiedereinführung der Olympischen Spiele unter den Bedingungen der Neuzeit an. Die aus neun Ländern angereisten 80 Persönlichkeiten, leider keiner aus Deutschland, fassten u. a. diese weitreichenden Beschlüsse:
- ❖ Gründung des Internationalen Olympischen Komitees (IOC);
- ❖ Ausrichtung der 1. Olympischen Spiele der Neuzeit 1896 in Athen;
- ❖ Vorbereitung und Durchführung der Spiele alle 4 Jahre jeweils in einem anderen Land (Wanderspiele).

Coubertin kümmerte sich danach um die Zusammensetzung des Komitees. Ihm oblag es, Persönlichkeiten, möglichst weltweit, auszuwählen. Zwei Personen standen bereits fest: Er selber als Initiator und ein Vertreter Griechenlands, denn in den anfänglichen Statuten des IOC war vorgesehen, dass der IOC-Präsident aus dem Land kommen solle, in dem die folgenden Olympischen Spiele ausgetragen würden.

Etwa vier Wochen nach dem Pariser Kongress hatte Coubertin persönlich die anderen Mitglieder berufen. Und das sind die Gründungsmitglieder des IOC:

Demetrius Vikelas, Griechenland, Präsident
Pierre de Coubertin, Frankreich, Generalsekretär
Ernest Callot, Frankreich, Schatzmeister
Viktor Balck, Schweden
Alexei Butowski, Russland
Leonard Cuff, Neuseeland
Jiri Guth, Böhmen
Charles Herbert, England
Ferenc Kemény, Ungarn
Mario Lucchesi-Palli, Italien
Arthur Russell, 2. Baron Ampthill, England
William Milligan Sloane, Vereinigte Staaten
José Benjamin Zubiaur, Argentinien

Auf dem langen olympischen Weg bis zur heutigen Zeit gab es viele „Aufs" und „Abs" und dennoch besitzt Olympia immer noch eine starke Anziehungskraft, die sicherlich auch in der Olympischen Idee begründet ist.

Was ist nun der Kern dieser „Coubertinschen" Olympischen Idee, für die auch die Bezeichnungen Olympischer Gedanke oder Olympismus gebräuchlich ist.

Pierre de Coubertin hat in späteren Jahren seine umfangreichen Erfahrungen und Erkenntnisse über Olympia zusammengefasst:

"Olympismus ist eine Lebensphilosophie,
die gleichsam die Bildung
von Körper und Geist anstrebt.

In der Verbindung des Sports
mit Kultur und Erziehung
soll ein Lebensstil entwickelt werden,
der Freude an der Leistung
mit dem erzieherischen
Wert des guten Beispiels
und dem Respekt vor
universalen und
fundamentalen
ethischen
Prinzipien
verbindet."

Er initiierte also ganz bewusst eine Bewegung, die alle vier Jahre mit den Olympischen Spielen ihren Höhepunkt finden sollte.

Ausgehend von dieser Definition und anderen Thesen lassen sich ableiten:

5 *Merkmale bzw. Grundsätze der Olympischen Idee:*

1.
Die Idee von einer harmonischen Ausbildung des ganzen Menschen.

Bei der Entwicklung des Menschen geht es

- ❖ nicht nur um die Psyche und
- ❖ den Intellekt,
- ❖ *sondern auch* um den Körper.

Ein lebenslanges Sporttreiben ist dazu erforderlich.

Sport für alle und nicht nur für Leistungssportler.

Auch eine Einbeziehung
- ❖ der Künste
- ❖ und der Musik

in die sportliche Betätigung zur ästhetischen Umrahmung vor allem bei Wettkämpfen ist anzustreben.

„Muskeltraining reicht nicht zur Menschenbildung", *sagt Coubertin u. a. dazu.*

Kurzum:
Es geht um die Einheit von Körper und Geist.

2.
Die Idee der menschlichen Vervollkommnung.

Es ist die Botschaft, sich stets zu bemühen, das Beste aus seinen Möglichkeiten zu machen, Freude daran zu haben und gerne dazuzulernen.

Sie wendet sich ausnahmslos an alle sporttreibende Menschen, auch an die leistungsschwächeren oder behinderten Mitmenschen.

Denn:
Erstrebenswert ist, *das Beste aus seinen Möglichkeiten* zu machen und mit Freude dazu zu lernen.

Man muss aber nicht unbedingt *der Beste* sein wollen, obwohl dies sehr schön ist.

Der olympische Leitgedanke

„citius-altius-fortius" (schneller-höher-stärker)

ist aus dieser Sicht eine Aufforderung zur *individuellen* Leistungsbereitschaft, etwas besser zu können als bisher und auf dem Wege dazu, auch Freude zu empfinden.

Eine menschliche Vervollkommnung, wie sie heute im Hochleistungssport zum Teil mit unehrlichen Mitteln angestrebt wird (z.B. durch Doping), instrumentalisieren den Menschen und tragen *nicht* zu dessen Vervollkommnung im humanen Sinne bei.

Auch die auf Kommerzialisierung basierende häufig vertretene Ansicht, nur der Sieg sei etwas Wert und „zahle" sich aus, ist im Kern antiolympisch.

3.
Die Idee von der freiwilligen Bindung im sportlichen Handeln.

Das bedeutet:
Fairness hat Priorität im Sport und darüber hinaus.

Im „olympischen Sport" muss es auf

>*freiwilliger* Basis *fair* zugehen.

In diesem Sinne gilt, es ...

- ❖ Regeln in Sport und Spiel, aber auch im übrigen Leben, zu beachten,

- ❖ faires Verhalten zu praktizieren und sich mit dem Fairness-Gebot auseinanderzusetzen,

- ❖ im Sport durch faires Verhalten eine eigene, für alle Beteiligten befriedigende, „bessere" Welt zu gestalten.

4.
Die Idee vom Frieden und der Völkerverständigung.

Bei diesem Grundsatz kommt der internationalistische Gedanke der Olympischen Bewegung zum Ausdruck.

Der Olympische Sport kann dazu beitragen, …

- ❖ Verständnis für die kulturellen Eigenarten anderer Nationen und Kontinente zu entwickeln,

- ❖ Sportarten anderer Völker kennenzulernen,

- ❖ Kultur, Sitten und Bräuche der Ausrichterländer der Olympischen Spiele zu erfahren,

- ❖ Sportkontakte auf internationaler Ebene in vielfältiger Form anzuknüpfen zur Förderung zwischenmenschlicher Beziehungen.

5.
Die Idee von der Gleichberechtigung.

Mit seiner Forderung

„All Games, all Nations"

hatte Coubertin das Prinzip der Gleichberechtigung vor Augen.

Ihm ging es dabei nicht nur um Nationen und Sportarten, sondern auch um die Gleichberechtigung …

- ❖ der Weltanschauungen,
- ❖ der Rassen,
- ❖ der Kulturen und
- ❖ der Geschlechter.

Gleichberechtigung zu praktizieren bedeutet in diesem Zusammenhang:

- ❖ Toleranz gegenüber dem jeweils anderen,
- ❖ Akzeptanz verschiedenster Formen von Bewegung, Sport und Spiel sowie
- ❖ Stärkung der Eigenverantwortlichkeit der jungen Sportler im und durch den Sport.

II. Olympismus heute

In der Präambel der Charta des Internationalen Komitees (IOC) heißt es unter anderem:
„Der moderne Olympismus geht auf Pierre de Coubertin zurück, auf dessen Initiative im Juni 1894 der Congrès International Athlétique von Paris abgehalten wurde."

Coubertins Vorstellungen und Initiativen wurden und werden in überwiegendem Maße von seinen Nachfolgern bewahrt und zeitgemäß weiterentwickelt. Dieses Vermächtnis kommt sehr deutlich zum Ausdruck ...
- bei den Olympischen Spielen und
- in der Charta des IOC.

So beispielsweise bei den Fundamental Principles of Olympism.

Diese grundlegenden Prinzipien des Olympismus sind:
(hier in der Übersetzung von Prof. Dr. Christoph Vedder und
Prof. Dr. Manfred Lämmer)

1.

Der Olympismus ist eine **Lebensphilosophie,** die in ausgewogener Ganzheit die Eigenschaften von Körper, Wille und Geist miteinander vereint und überhöht. Durch die Verbindung des Sports mit Kultur und Bildung zielt der Olympismus darauf ab, eine Lebensart zu schaffen, die auf der Freude an Leistung, auf dem erzieherischen Wert des guten Beispiels sowie auf der Achtung universell gültiger fundamentaler ethischer Prinzipien aufbaut.

2.

Ziel des Olympismus ist es, den Sport in den Dienst der harmonischen Entwicklung des Menschen zu stellen, um eine friedliche Gesellschaft zu fördern, die der Wahrung der Menschenwürde verpflichtet ist.

3.
Die **Olympische Bewegung** ist unter der obersten Autorität des IOC das gemeinschaftliche, organisierte, weltweite und permanente Wirken aller Individuen und Organisationen, die sich von den Werten des Olympismus leiten lassen. Sie umfasst alle fünf Kontinente. Sie erreicht ihren Höhepunkt in der Zusammenführung der Athleten der Welt zu einem großen Fest des Sports, den Olympischen Spielen. Ihr Symbol sind die fünf ineinander verflochtenen Ringe.

4.
Die Ausübung von Sport ist ein **Menschenrecht**. Jeder Mensch muss die Möglichkeit zur Ausübung von Sport ohne Diskriminierung jeglicher Art und im olympischen Geist haben; dies erfordert gegenseitiges Verstehen im Geist von Freundschaft, Solidarität und Fairplay.

5.
Eingedenk dessen, dass Sport im Rahmen der Gesellschaft ausgeübt wird, müssen die Sportorganisationen der Olympischen Bewegung die **Rechte und Pflichten der Autonomie** haben, insbesondere die Regeln des Sports frei aufzustellen und zu überwachen, die Form und Leitung seiner Organisationen zu bestimmen, das Recht zu haben, Wahlen frei von äußerer Beeinflussung abzuhalten und die Aufgabe wahrzunehmen, dafür zu sorgen, dass die Grundsätze guter Verwaltungsführung eingehalten werden.

6.
Jede Form von Diskriminierung eines Landes oder einer Person aufgrund von Rasse, Religion, Politik, Geschlecht oder aus sonstigen Gründen ist mit der Zugehörigkeit zur Olympischen Bewegung unvereinbar.

7.
Die Zugehörigkeit zur Olympischen Bewegung setzt die Einhaltung der Olympischen Charta und die Anerkennung durch das IOC voraus.

Unter Beachtung aktueller Entwicklungen orientiert das IOC die Sportler insbesondere auf Olympische Werte, die den Sport prägen, aber auch im Alltag von grundlegender Bedeutung sind.

Diese Olympischen Werte – the Olympic Values – die ein wesentliches Fundament des Olympismus darstellen, sind:

1.
Excellence
(Leistungsbereitschaft, Vorzüglichkeit, Bestleistung)

Im Sport wie im täglichen Leben:

- ❖ persönliche Ziele stellen und erreichen wollen;
- ❖ das persönlich Beste geben und dabei gute Menschen sein;
- ❖ es geht nicht nur um das Gewinnen, sondern auch um die Teilnahme.

2.
Respect
(Respekt)

Sich selbst, seinen Körper und andere respektieren;
Regeln und Vorschriften einhalten sowie die Umwelt respektvoll behandeln.
Respekt heißt vor allem:

- ❖ Fairplay sowie
- ❖ die Bekämpfung von Doping oder jedem anderen unethischen Verhalten.

3.
Friendship
(Freundschaft)

Durch den Sport eine friedliche und bessere Welt schaffen – dank Solidarität, Teamgeist, Freude und Optimismus.

Den Sport als Instrument nutzen, um Differenzen zu überwinden sowie gegenseitiges Verständnis zwischen Menschen und Völkern aus aller Welt zu schaffen.

Das IOC hat die Formulierung dieser Werte bewusst vereinfacht, um so auf diejenigen Werte zu konzentrieren, die den aktuellen sportlichen Kontext in der Gesellschaft am nachhaltigsten berücksichtigen.

Diese Rationalisierung hat die Bedeutung der Werte von Pierre de Coubertin nicht abgeschwächt, dafür aber deren Verständnis und Wirkungskraft verbessert.

Olympische Bewegung in Deutschland
- Ein kurzer Überblick-

Gemäß Olympischer Charta wirkt auf nationaler Ebene das Nationale Olympische Komitee (NOK) im Auftrag des IOC für die Verwirklichung der Ziele der Olympischen Bewegung.

Das deutsche NOK fusionierte 2006 mit dem Deutschen Sportbund (DSB) zum **Deutschen Olympischen Sportbund (DOSB).**
  Der DOSB ist somit für alle Belange des Sports und des Olympismus in Deutschland zuständig.

In ihm sind die Landessportbünde, Spitzenverbände, *hier eingeordnet der Deutsche Golf Verband,* sowie Verbände mit besonderer Aufgabenstellung organisiert.
Auch für die Entsendung der deutschen Olympiamannschaften ist der DOSB verantwortlich. Zudem fördert er die Olympische Bewegung im Lande.

In Deutschland gibt es ein nationales wissenschaftliches Zentrum, die **Deutsche Olympische Akademie Willi Daume.**
Die DOA ist das
- führende Begegnungs-, Studien- und Forschungszentrum der Olympischen Bewegung in Deutschland.
Sie hat ihren Sitz in Frankfurt am Main.

Für die Verbreitung des Olympischen Gedankens in Sport und Gesellschaft engagiert sich vor allem die **Deutsche Olympische Gesellschaft.**
Die DOG vermittelt unter dem Leitmotiv „Leistung macht Spaß" mit über 40 Zweigstellen und großem Engagement die Olympischen Werte, insbesondere im Kinder- und Jugendbereich. Beispiele sind u.a. diese Initiativen/Projekte:

- „Fair-Play-Initiative",
- „kita move",
- „Jung, sportlich, FAIR",
- „Bewegungspatenschaften"
- sowie "Kinder bewegen".

Neben diesen Organisationen gibt es noch weitere Vereinigungen aus verschiedenen Bereichen, die sich auf lokaler und regionaler Ebene für die Ideale der Olympischen Bewegung engagieren.

Für die Olympische Idee einzutreten, bedeutet aber auch, den **Kampf gegen den Missbrauch der Olympischen Werte** zu verstärken. Insbesondere gegen …

- ❖ Doping,
- ❖ Gewalt,
- ❖ Kommerz,
- ❖ Manipulation,
- ❖ Korruption oder
- ❖ Rassismus.

Diese bedeuten im Sport Verunglimpfung und Beschädigung der Olympischen Werte!

Außerdem ist eine zunehmende Abhängigkeit von Politik, Wirtschaft und Massenmedien zu erkennen.

All das zwingt zum Nachdenken über und zum Handeln für Olympia.

So tritt der Deutsche Olympische Sportbund (DOSB) ausdrücklich ein für einen …

- ❖ humanen,
- ❖ manipulationsfreien und
- ❖ dopingfreien Sport.

Der DOSB erkennt die internationalen Anti-Doping-Bestimmungen, insbesondere den World-Anti-Doping-Code an.

Eine weitere Zukunftsfrage ist die Frage der

Beherrschbarkeit der Olympischen Spiele.

Die Spiele scheinen ihre Grenzen erreicht zu haben, zumindest was die Anzahl der Athletinnen und Athleten, der Wettkämpfe, der Journalisten, der Zuschauer, der Funktionäre, der Medienvertreter sowie die Höhe der Kosten betrifft.

Ein Ende des Gigantismus, die Reduktion des Programms und damit der Kosten sind angebracht.

Kurzum,
die Olympischen Werte

- ❖ zu beachten,
- ❖ zu fördern und
- ❖ sie stets in den Mittelpunkt der sportlichen Aktivität zu stellen,

hat Priorität.

Heute mehr denn je!

Es lohnt sich, die Olympische Idee hoch zu halten, denn die Olympischen Spiele ziehen noch immer Millionen Menschen in ihren Bann und sind daher hervorragend geeignet, einen bedeutenden Beitrag zur Völkerverständigung zu leisten.

III. Die Olympischen Ideale - Handlungsorientierung auch für Golfer

Von einem Sportler, der eine olympische Sportart ausübt, erwartet man, dass er im Sinne der Olympischen Idee handelt.

Aber was heißt das nun für einen Golfer?

Vielleicht kann uns noch dieser Spruch von Pierre de Coubertin eine Hilfe sein:

„Der Olympismus ist kein System, er ist eine geistige Haltung."

Hier noch einmal ganz kurz die 5 Grundsätze der Olympischen Idee, die Grundlage einer Olympischen Geisteshaltung sind:

- ❖ Die Idee von einer harmonischen Ausbildung des ganzen Menschen.

- ❖ Die Idee der menschlichen Vervollkommnung.

- ❖ Die Idee von der freiwilligen Bindung im sportlichen Handeln.

- ❖ Die Idee vom Frieden und der Völkerverständigung.

- ❖ Die Idee von der Gleichberechtigung.

Betrachten wir im Folgenden das mal aus der Sicht des Golfers: Was heißt es **für mich** als Golfsportler, in diesem Olympischen Geist zu handeln?

<u>Als Golfer olympisch zu handeln, bedeutet **1.** für mich,</u> **Körper und Geist gleichermaßen zu entwickeln.**

In dieser Einheit liegt die Harmonie, von der Coubertin sprach.

Zwei Betätigungsfelder lassen sich daraus ableiten:

A)
Im Sport dauerhaft zu lernen,
zu üben und zu trainieren.

Der olympisch orientierte Sport bedeutet mehr als nur Sieg oder Erfolg. Durch unsere aktive und dauerhafte Teilnahme an sportlichen Übungen oder Wettkämpfen leistet er einen wesentlichen Beitrag zu unserer Persönlichkeitsentwicklung.

So ist er Ausgleich zur geistigen Belastung, hält den Körper gesund und ist enorm wichtig für die Herausbildung und Formung von Charaktereigenschaften.

Daraus ergeben sich mindesten zwei Aspekte olympischen Handelns als Golfer:

- ❖ zum einen:
  Freude und Zufriedenheit am Golfsport sowie daraus ein lebenslanges Bedürfnis nach regelmäßiger sportlicher Betätigung zu entwickeln;

- ❖ zum anderen:
  Die vielfältigen Möglichkeiten des Golfsports zu nutzen, um etwas für seine gesamte Persönlichkeitsentwicklung zu tun.

Klar ist demnach, als Golfsportler trainiert man nicht nur für ein bestimmtes Ziel, sondern indem man dies tut, trainiert man auch sich selbst, so zum Beispiel seine …

- ❖ koordinativen Fähigkeiten (Gewandtheit, Geschicklichkeit),
- ❖ motorischen Fähigkeiten (u. a. Grundausdauer, Schnellkraft),
- ❖ Psyche (u. a. Konzentration, Umgang mit Misserfolgen)

sowie

- ❖ Kooperationsfähigkeit (u. a. Verhalten / Teamgeist im Flight).

Der Golfsport hält zahlreiche Herausforderungen im Sinne einer Selbsterprobung bereit.

Um nachhaltige Wirkung zu erzielen, reicht ein Schnupperkurs natürlich nicht aus.

Es kommt vor allem darauf an, …

1. dauerhaft, möglichst ein Leben lang,
2. wenigstens einmal wöchentlich und
3. engagiert an jedem Trainingstag

zu lernen, zu üben, zu trainieren, zu wettkämpfen.

Am besten natürlich in einem Golf Club in der Nähe.

B)
Sportliches Wissen anzueignen, zu vertiefen.

Obwohl der Bildungsanspruch alle wesentlichen Lebensbereiche umfasst, wollen wir uns hier auf den sportlichen Bereich konzentrieren.

Vor allem kommt es darauf an,

- ❖ sich aktuell über Olympia zu informieren,
- ❖ mehr olympisches Grundwissen anzueignen,
- ❖ sportliches Wissen, z.B. aus der Trainingslehre, zu erwerben und anzuwenden sowie
- ❖ das Schulwissen gezielter für die Ausübung des Golfsports zu nutzen.

Denn: Muskeltraining allein reicht nicht zur Menschenbildung.

Es geht um Klarheit der Gedanken, um Wissen und Kenntnisse. Diese Klarheit der Gedanken in Gestalt olympischen Wissens ist notwendig, um …

- ❖ die Olympischen Ideale verstehen zu können,
- ❖ dem olympischen Handeln eine wissentliche Grundlage zu geben,
- ❖ in der Lage zu sein, sich kritisch auseinanderzusetzen mit der Olympischen Idee (Tradition) und der olympischen Wirklichkeit (Gegenwart).

In diesem Sinne sollte jeder junge Golfsportler spezielle Kenntnisse besitzen, zum Beispiel über ...

- ❖ die Olympische Bewegung (Geschichte, Ziele, Inhalte),
- ❖ Symbole und die Festkultur der Olympischen Spiele,
- ❖ Probleme des olympischen Sports heute,
- ❖ Landeskundliches entsprechend der Austragungsorte,
- ❖ sportliche Ernährungs- und Lebensweise.

Nun erwartet niemand von den Juniorengolfern, dass sie neben dem Golftraining universale Studien betreiben. Doch die in der Schule oder den Clubs zur Verfügung stehenden Möglichkeiten, sich näher mit diesen wichtigen Themen vertraut zu machen, möchte man schon nutzen wollen, z.B.:

- ❖ sporttheoretische Abhandlungen im Sportunterricht,
- ❖ Projektunterricht Golf,
- ❖ Gespräche, Diskussionen in der Trainingsgruppe,
- ❖ Surfen im Internet, Sportsendungen im Fernsehen,
- ❖ Fachbücher, die man sich in Bibliotheken oder vom Pro oder dem Lehrer ausleihen kann sowie
- ❖ Golf-Zeitschriften, die man in allen Golf-Clubhäusern vorfindet.

Und natürlich nicht all die Möglichkeiten zu vergessen, die das Internet bietet.

<u>Als Golfer olympisch zu handeln, bedeutet **2.** für mich,</u>
aus meinen Möglichkeiten das Beste zu machen.

Und ergänzend dazu: Empfinde daran Freude und lerne gerne hinzu!
Denn: „Leistung macht Spaß!"
Tipp: Schließe dich dieser Initiative der Deutschen Olympischen Gesellschaft (DOG) an, siehe www.dog-bewegt.de

Das Bemühen um sportliches Können, um sportliche Leistung steht im Mittelpunkt.

Die olympische Devise

Citius, Altius, Fortius
(schneller, höher, stärker)

ist als eine Aufforderung zu betrachten, sich entsprechend dem olympischen Geist anzustrengen.

So wie es auch das IOC von allen Sportlern der Welt fordert (IOC-Satzung, Kapitel 1, Artikel 14).

In diesem Sinne handelt jener Golfer olympisch, der …

- ❖ sich sportliche Ziele setzt,
- ❖ beharrlich übt,
- ❖ wirklich wetteifern will (!),
- ❖ Leistungsbereitschaft und Leistung zeigt und
- ❖ ein individuell gutes Resultat anstrebt.

Besonders Letztes ist außerordentlich wichtig.

Denn die olympische Leistungserwartung hat eine ***individuelle*** Dimension.

Daher geht es nicht, um den Sieg um jeden Preis, wie oft behauptet wird.

Der Sieg ist zwar der höchste Ausdruck sportlicher Fähigkeit, aber er ist eben längst nicht alles.

Olympisch handelt auch derjenige,

- ❖ der sein ***persönlich Bestes*** gibt,

- ❖ der um die Erreichung seiner individuellen Leistungsziele

kämpft.

Als olympisch kann also ***jedes*** Streben nach Verbesserung des eigenen Könnens gewertet werden, auf welcher Ebene auch immer,

- ❖ auf der Ebene des Leistungssports

- ❖ oder des Breitensports.

Als Golfer olympisch zu handeln, bedeutet 3. für mich, **stets fair zu sein!**

Als Coubertin 1908 in London an einem Empfang der Britischen Regierung anlässlich der Olympischen Spiele teilnahm, bekräftigte er in seiner Rede die Auffassung des Bischofs von Pennsylvania:

"Das Wichtige bei diesen Olympiaden ist nicht der Sieg, sondern die Teilnahme".

Und Coubertin fügte hinzu:

"Das Wichtige

am Leben

ist nicht der Triumph,

sondern der Kampf.

Wesentlich ist

nicht gesiegt,

sondern

ritterlich gut gekämpft

zu haben."

Daraus folgt:

Fair Play ist oberstes Gebot, Fair geht vor!

Worum geht es vor allem?

Es geht darum, das gemeinsame Leben fair gestalten zu lernen.

So einfach ist das, und dennoch scheint es für einige, leider schon zu viele Mitmenschen, ein Problem darzustellen.

Als Golfer verfügen wir

- mit den Golfregeln und
- der Golfetikette

eine sehr gute Grundlage, die man durchaus schon als olympisch bezeichnen kann.

Wir wissen aber auch, dass Fair Play noch mehr bedeutet.

Mehr dazu findest du im 3. Teil der 5-teiligen Reihe.

Als Golfer olympisch zu handeln, bedeutet **4.** für mich, **sich für Frieden und Völkerverständigung einzusetzen!**

Als Mitglied der Olympischen Familie steht man auch in dieser Frage in einer bestimmten Tradition.

Daher sollte jeder Sportler stets im „Hinterkopf" haben, dass Coubertin und seine Mitstreiter den olympischen Sport von Anbeginn als ein Mittel bzw. Beispiel für ein friedliches oder friedfertiges Miteinander unter Sportlern weltweit betrachtet haben.

Frieden und Völkerverständigung sind sicherlich große Themen. Jedoch, wir alle wissen, ohne Friedlichkeit und Friedfertigkeit kann es keinen olympischen Sport weltweit geben.

Und dies gilt natürlich auch für das eigene Land, aber auch für die Schule oder den Golf Club.

Daher ist es wichtig, die in jeder Schule und jedem Golf Club vorhandenen Möglichkeiten für die Entwicklung einer friedfertigen Atmosphäre zu nutzen.

Was ist zu tun?

Hier einige kurze Beispiele:

A) In der Trainingsgruppe sind unter anderen je ein Schüler

- aus Vietnam,
- dem Libanon sowie
- ein Gastschüler aus Australien.

Wenn man so will, eine kleine internationale Gemeinschaft.

Man spricht miteinander, ist freundlich zueinander, erfährt etwas über kulturelle Eigenarten dieser Länder und entwickelt dabei Verständnis füreinander.

Mehr noch, neben dem Golf übt man gelegentlich „Vovinam", eine Sportart eines anderen Volkes (eine alte vietnamesische Kampfkunst).

B) Bei einer Eventreise nach St Andrews macht man sich

- ❖ nicht nur mit der Geschichte des Golfsports vertraut,
- ❖ sondern auch mit der Historie Schottlands
- ❖ und dem Leben der Schotten.

C) Mit Blick auf die Olympischen Spiele in Tokio beschäftigen sich die jungen Golfer auch mit Japan, insbesondere mit

- ❖ der Kultur,
- ❖ den Sitten
- ❖ und Bräuchen.

D) Schulgolfer bewährten sich z.B. auch als Caddies bei der Golf Weltmeisterschaft

E) ... oder auch als Scorer bei der Golf Europameisterschaft

Diese und viele andere Aktivitäten mehr tragen zur Förderung der zwischenmenschlichen Beziehungen zwischen Völkern und Nationen bei.

Wie sagte doch einst Coubertin:

„Damit sich die Menschen

achten können,

müssen sie sich zuerst kennenlernen."

Als Golfer olympisch zu handeln, bedeutet 5. für mich, **für Gleichberechtigung einzutreten!**

„All Games, all Nations", so lautete die Aufforderung Coubertins. Sie ist aktueller denn je.

Es geht hierbei um einen ganzen Komplex:
Gleichberechtigung von Nationen, Sportarten, Rassen, Kulturen, Weltanschauungen und Geschlechter.

Besonders beim Fußball, aber nicht nur dort, beobachten wir brutales Spielen, Gewalt, Randale, Diskriminierung, Beleidigungen, Pöbeln.

Das hat mit Olympia absolut nichts zu tun.

In diesem Sinne geht es um die Eigenverantwortung eines jeden von uns,

- ❖ die Werte anderer Kulturen zu *akzeptieren*,
- ❖ gegenüber dem jeweils anderen *tolerant* zu sein,
- ❖ also: das zu *achten*, was einem fremd erscheint.

Wir Golfsportler handeln also dann olympisch, wenn wir …

- ❖ einerseits:
  Gleichberechtigung **selber praktizieren**, im Golf Club, in der Schule, ja, im Leben generell

und

- ❖ andererseits:
  gegen Gewalt und Diskriminierung (z.B. nach Religion, Geschlecht, Hautfarbe usw.) **eintreten**.

Unser Golfsport hält zahlreiche Bewährungsfelder für das gemeinsame Sporttreiben in diesem Geiste der Olympischen Idee bereit.

Im Leben, wie auch auf der Driving Range oder auf dem Golfplatz, gilt es, Regeln des Zusammenlebens einzuhalten, so dass ein Miteinander auf der Grundlage von

- Akzeptanz,
- Toleranz
- und Eigenverantwortung

entstehen kann.

Ohne dies wäre ein Spiel in einem Flight kaum denkbar.

Denn im Grunde genommen, spielen wir nicht gegeneinander, sondern miteinander gegen die zahlreichen Tücken des Golfplatzes, die da Bunker, Teiche, Wald oder Roughs heißen.

Fakt ist auch, dass der Golfer nicht nur Spieler, sondern zugleich auch Zähler ist, wahrscheinlich einmalig im Sport.

Auf jeden Fall trägt es dazu bei, Eigenverantwortung für sich selbst und für seine Flight-Partner zu übernehmen.

Mit bestem Wissen und Gewissen tun dies schon sehr viele Golfsportler.

Abschließend noch dieser Tipp:
Nutzt die Initiative des DGV „Abschlag Schule" dazu,
um olympisches Verhalten zu trainieren!

IV. Der Olympische Eid

Der Olympische Eid ist eine Art Verpflichtung der Teilnehmer der Olympischen Spiele, voll und ganz im Sinne der Olympischen Idee zu handeln.

Bereits bei den Olympischen Spielen der Antike war es Tradition, dass die Athleten schworen, die Regeln der Wettkämpfe zu achten und sich den Mitstreitern gegenüber fair zu zeigen.

Bei den Olympischen Spielen **1920** in Antwerpen wurde dieser Brauch wieder eingeführt.

Der Fechter Victor Boin legte als Sportler des Austragungsortes stellvertretend für alle Teilnehmer diesen „Schwur" bei der Eröffnungsfeier ab:

„Wir schwören,
dass wir an den Olympischen Spielen
als ehrenwerte Kämpfer teilnehmen,
die Regeln der Spiele achten
und uns bemühen werden,
ritterliche Gesinnung zu zeigen,
zur Ehre unseres Vaterlandes und
zum Ruhme des Sports."

Ab den Olympischen Spielen 1964 in Tokio wurde daraus ein **"Gelöbnis/Versprechen"** mit diesem Text:

"Im Namen aller Teilnehmer verspreche ich, dass wir uns bei
den Olympischen Spielen als loyale Wettkämpfer erweisen,
ihre Regeln achten und teilnehmen im ritterlichen Geist
zum Ruhme des Sports und zur
Ehre unserer Mannschaften."

Seit den Olympischen Spielen im australischen Sydney 2000 enthält der Eid auch

eine **Anti-Dopingklausel**,

die im Dezember 1999 von der IOC-Vollversammlung verabschiedet wurde:

„Im Namen aller Athleten verspreche ich,

dass wir an den Olympischen Spielen

teilnehmen und dabei die

gültigen Regeln

respektieren und befolgen

und uns dabei einem Sport

ohne Doping und

ohne Drogen verpflichten,

im wahren Geist der Sportlichkeit,

für den Ruhm des Sports und

die Ehre unserer Mannschaft."

Bisher haben auch 3 deutsche Sportler den Olympischen Eid gesprochen.

Der Skisportler Wilhelm Bogner Senior (1909-1977) bei den Olympischen Winterspielen 1936 in Garmisch-Partenkirchen.

* Bogner war einst Dritter der Nordischen Skiweltmeisterschaft 1935 in Vysoké Tatry (Hohe Tatra) in der Tschechoslowakei.
* Zudem gewann er die Silbermedaille mit der Mannschaft (4x10 km) bei der Nordischen Skiweltmeisterschaft 1934.

Der Gewichtheber Rudolf Ismayr (1908-1998) bei den Olympischen Sommerspielen 1936 in Berlin.

* Er wurde 1932 Olympiasieger im Mittelgewicht.
* 1936 gewann er die Silbermedaille.

Die Leichtathletin Heidi Schüller (geb. 1950) bei den Olympischen Sommerspielen 1972 in München.

* Sie war zeitweise Rekordhalterin und Deutsche Meisterin im 100-Meter-Hürdenlauf.
* Schüller sprach als erste Frau überhaupt den Eid bei Olympischen Spielen in München.
* Im Weitsprung wurde sie Fünfte.

Seit 1972 legen auch die **Schiedsrichter** einen Eid ab.
Bei den Olympischen Spielen in München sprach der Deutsche Heinz Pollay (1908-1979) bei der Eröffnungsfeier diesen Eid für die Kampfrichter:

„Bei meiner Ehre erkläre ich,
dass ich mich als Kampfrichter
nur vom Geiste der sportlichen Fairness
und der Würde des Sports leiten lassen werde.
Ich verpflichte mich, die gezeigten Leistungen ohne
Rücksicht auf die Person oder die Nation gewissenhaft
zu beurteilen."

Auch bei den **Olympischen Jugendspielen** wird ein Eid abgelegt. Erstmals bei den Youth Olympic Games 2012 in Innsbruck.

Die Skirennläuferin Christina Ager aus Österreich sprach die feierliche Gelöbnisformel.

Tags darauf wurde sie Dritte im Super-G.

Last but not least:

Das könnte auch für dich interessant sein:

Das DOG-Juniorteam!

Junge, ehrenamtlich engagierte Menschen im Sport formieren sich seit einigen Jahren immer häufiger zu Juniorteams der Deutschen Olympischen Gesellschaft (DOG) unter den Fachverbänden.

Jeder Jugendliche, der Interesse am Sport hat und im DOG-Juniorteam mitarbeiten möchte, ist herzlich willkommen.

Informiere dich:
www.dog-bewegt.de

Golf in der Schule?

Am besten mit

„Abschlag Schule",

**der
Initiative des
Deutschen Golf Verbandes,
finanziert durch die
Vereinigung clubfreier Golfspieler.**

Mehr dazu:
www.golf.de/dgv/schulgolf

Anhang: Literaturhinweise

Hier die 25 Publikationen von Rainald Bierstedt auf einen Blick
(siehe auch unter: www.schul-golf.de):

Aktuell

1. „ABSCHLAG GOLF: JUGEND & OLYMPIA". Handbuch
2. „GOLF-OLYMPISCHES VON A BIS Z" (2. Version)
3. „SCHULSPORT GOLF". Lehrer-Handbuch (Vorank. 2017)

Junior Reihe: Beiträge zur Verbreitung der Olympischen Idee
4. „Olympische Spiele und Golf". Teil 1 (2. Version)
5. „Olympische Idee und Ideale im Golf". Teil 2 (2. Version)
6. „Fair geht vor! Und Spirit of the Game! Teil 3 (2. Version)
7. „Citius – Altius – Fortius". Teil 4 (2. Version)
8. „Golf-Olympisches Workbook". Teil 5 (2. Version)

Außerdem sind erschienen:
Zum Themenfeld GOLF & SCHULE:

9. „Schule + Golf = Schulgolf". Golf im Unterricht
10. „Das 1 x 1 des Caddying". Projekt zur Golf WM
11. „Die kleine Golfregel-Fibel". Über Etikette und Golfregeln
12. „Auf der Runde". Technik und Taktik-Tipps
13. „Grundwissen Golf". Was man über Golf wissen sollte
14. „Golfsprache Englisch". Words/Phrases/Backgrounds
15. „Golf in der Schule". Lehrer-Handreichung
16. „Golfen ist cool!". Schüler-Handbuch
17. CD-ROM: „Golf-Blätter". Über 130 Kopierseiten
18. CD-ROM: „Pädagogisches". Rahmenlehrplan Golf u.a.m.
19. CD-ROM: "Easy English". Golfsprache Englisch
20. DVD: "Caddying". Ein Lehrfilm, Schülerprojekt
21. Bildband: „20 Jahre Schulfach Golf und vieles mehr"
22. CD-ROM: „Wahlpflichtfach Golf". Impressionen

Zum Themenfeld OLYMPIA-GOLF-JUGEND
23. „Abschlag Rio: Jugend trainiert *GOLF* für Olympia"
24. „Das Arbeitsheft zum Buch ‚Abschlag Rio ...". Format A 4
25. CD-ROM: „Arbeits- und Kopiermaterialien JFTO"

Hinweis:

Die komplette Literaturliste

und Bildnachweis

für die gesamte Reihe,

siehe Teil 5.